MW01225258

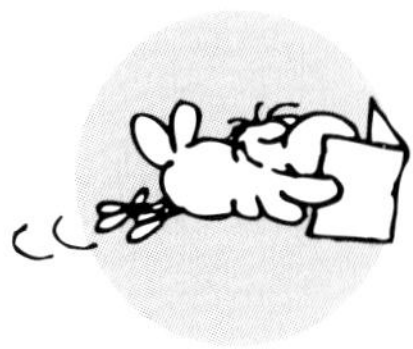

Proyecto editorial: Quipos, S.r.l. (Milán)
Realización de la maqueta: Emma de Biasi - Kartapazza (Verona)

© 1997 Oli-Verlag N.V.
© 1997 Vents d´Ouest para España
Gran Vía de les Corts Catalanes, 646, 5º 4ª - 08007 Barcelona
Traducción: Ignacio Vidal-Folch

Primera edición: mayo de 1997

ISBN: 84-88574-91-6
Impreso por Arnoldo Mondadori Editore, S.p.A.
Printed in Italy (Impreso en Italia)

PARA
TRIUNFADORES

Glénat

Todo se puede conseguir si se desea con la suficiente desesperación.

Sheilah Graham.

Nada es tan difícil que intentándolo a fondo no pueda conseguirse.

Terencio.

Allí donde hay astucia no hay sitio para la fuerza.

Herodoto.

Acuérdate de desconfiar.

P. Merimée.

La forma más eficaz de obtener fama es hacer creer al mundo que ya eres famoso.

Leopardi.

Un hombre refinado no puede siquiera pensar que la palabra dificultad exista.

G. Lichtenberg.

El ochenta por ciento del éxito consiste en que te vean.

Woody Allen.

El fuerte, si está sólo, es potentísimo.

F. Von Schiller.

También el conocimiento es poder.

Francis Bacon.

Exito: en opinión de los amigos, un pecado imperdonable.

*A. **Bierce.***

El ocio sólo se disfruta a fondo cuando tienes muchas cosas pendientes.

J.K. Jerome.

Nadie conoce sus propias posibilidades hasta que se somete a prueba.

Publilio Siro.

Siempre que he mirado por el agujero de una cerradura he descubierto que otro me estaba mirando a mí.

Judy Garland.

Es gloria del bien acreditado el ser creído cuando diga mentira.

Cervantes.

Quien vive sin locura no es tan sabio como cree.

La Rochefoucauld.

En toda iniciativa, piensa
bien adónde quieres llegar.

Publilio Siro.

Para despreciar el dinero
primero hay que tenerlo.

C. Pavese.

A más poder, más abuso.

E. Burke.

Frente a un obstáculo, la línea más corta entre dos puntos puede ser una línea curva.

B. Brecht.

Si una empresa resulta difícil de realizar, no pienses enseguida que es imposible.

Marco Aurelio.

El éxito es un gran desodorante. Te quita todos los malos olores de tu pasado.

Elizabeth Taylor.